세상에서 걸어나온 사람들 ❶

세상에서 걸어나온 사람들 ①

크고 작은
변화를 일으킨
아름다운 회심

정형기 글·그림

홍성사

차례

아이들을 사랑한 문학가 권정생
평생 흙에서 살아간 개척자 김용기
머슴을 목사로 섬긴 장로 조덕삼

아이들을 사랑한 문학가

권정생

23년 전, 일본 도쿄 빈민가 시부야

언니, 오늘 교회에서 기도했어?

그럼.

언니….

응?

십자가에서 예수님은 얼마나 아프셨을까…

머리에는 가시관을 쓰시고…

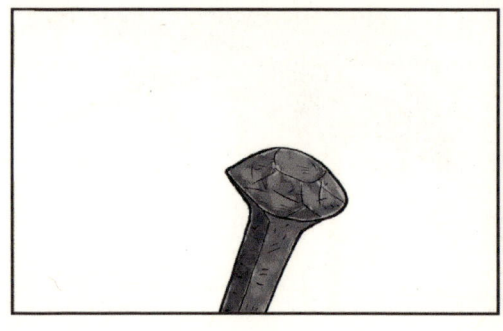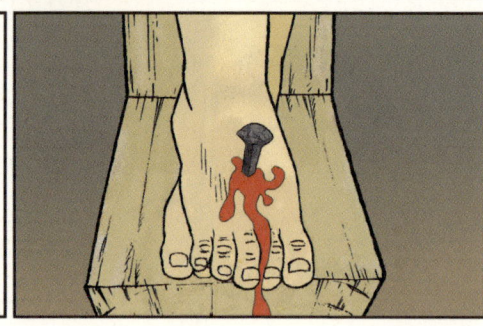

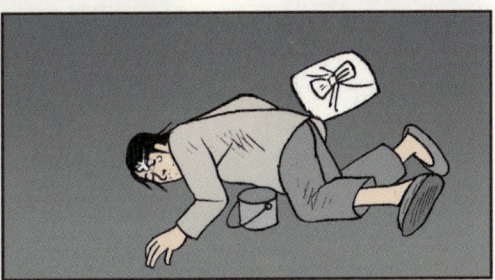

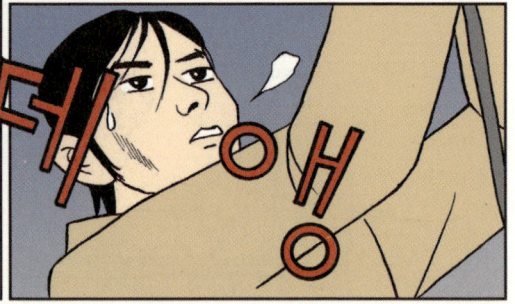

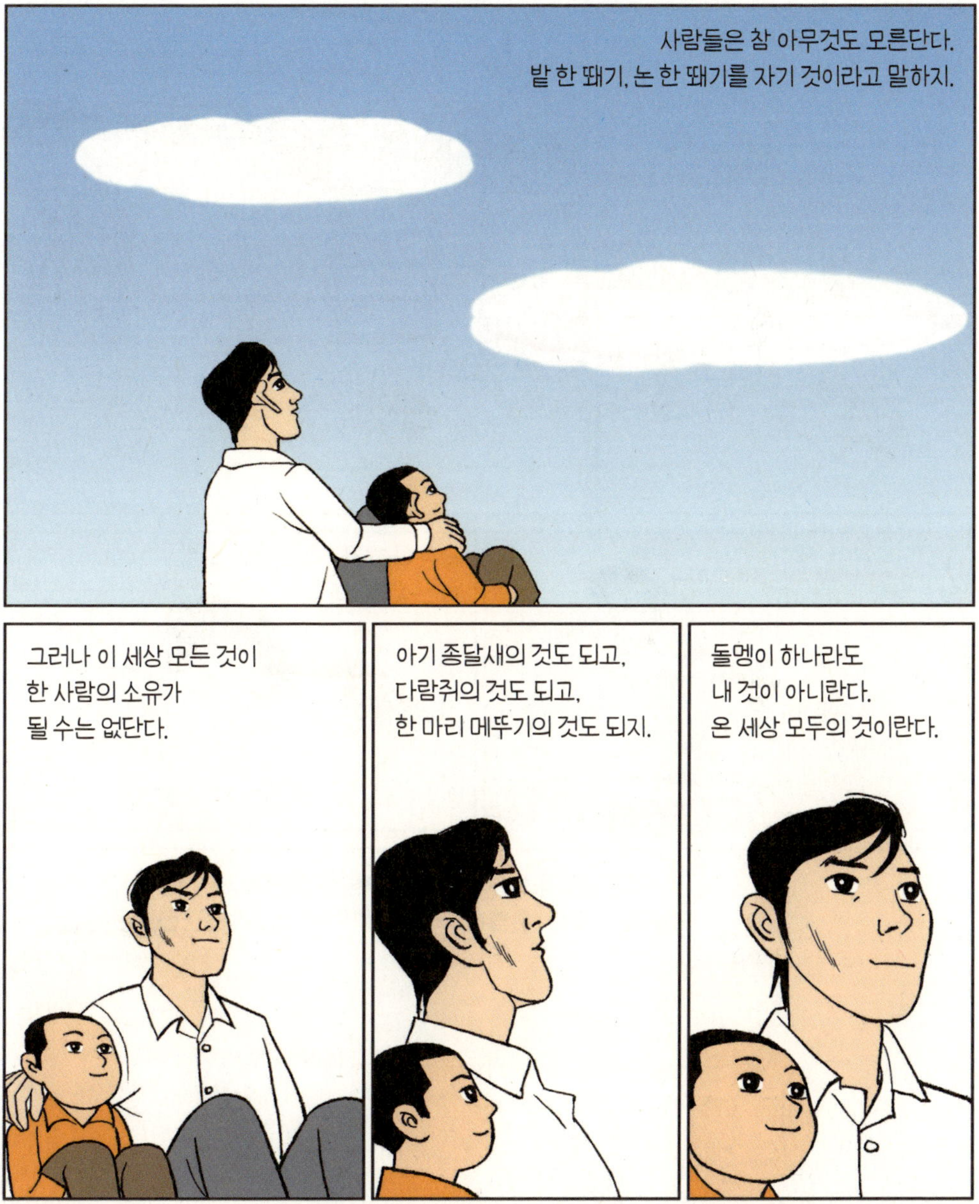

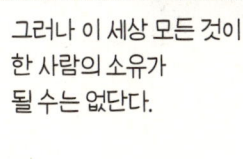

하나님께서 글 쓰는 달란트를 주셨습니다.

글은 나의 친구이고, 병든 나를 버티게 하는 힘입니다.

1971년, 동화 〈아기 양의 그림자 딸랑이〉로 〈매일신문〉 입선
1973년, 동화 〈무명저고리와 엄마〉로 〈조선일보〉 신춘문예 당선

〈무명저고리와 엄마〉 당선 소감

병고에 시달려 온 나는 어느 때부터인지
밝은 낮보다 어두운 밤하늘이 더 좋았습니다.
초롱초롱 빛나는 고운 별빛을 벗하며,
기나긴 병상 생활에서 그 누군가를 한없이 기다렸습니다.
나의 어머니이자 5천만 우리 민족 어머니의
슬픈 이야기를 꼭 적어 보고 싶었습니다.

가끔 시내에 가면
저도 모르게 시장 골목길을
걸어가게 됩니다.

시장 골목엔 떡 장수,
수세미 장수, 나물 장수…

참으로 정답습니다.

 쪼그려 앉은 할머니,

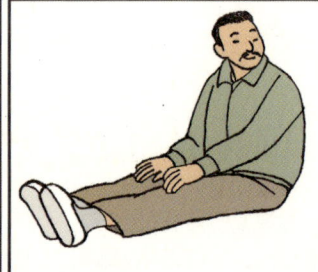 두 다리를 쭉 뻗고 태평하게 앉은 아저씨.

조금도 꾸밈없이 살아가는 사람들이

 모여 있는 곳이기 때문입니다.

 검정 고무신을 신고 걸어도, 허름한 작업복 차림으로 걸어도 상관없습니다.

 시장 골목은 그만큼 꾸밈이 없는 장소입니다.

온 세상이 겉치레와 허세 부리는 것을 제일로 알고 있는데,

이렇듯 꾸밈없이 정직하게 살아가는 이들이 있다는 것은 기쁜 일입니다.

주님은 짧은 일생에서 줄곧 고난을 당하셨습니다.

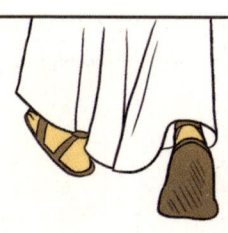

산으로, 그늘진 뒷골목으로, 소외된 이들이 있는 곳이면 어디든 가셨습니다.

고통받는 인간들과 함께 당신도 고통받으셨습니다.

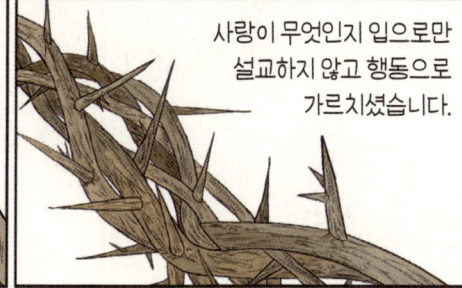

사랑이 무엇인지 입으로만 설교하지 않고 행동으로 가르치셨습니다.

약자에게는 한없이 약했고, 강자에겐 강하셨습니다. 그래서 부자와 권력 있는 자들에게 미움을 받으셨습니다.

하늘나라의 참뜻을 알려 주기 원하셨지만, 이익에 눈먼 자들은 그분의 진심을 이해하지 못했습니다.

복은 호화주택에서 잘 먹고 잘 사는 게 아니라, 주님을 닮는 것입니다.

★이오덕(1925~2003): 교육자, 아동문학가, 우리말 연구가. 권정생의 문학이 알려지도록 다방면으로 힘썼으며, 권정생과 30년간 깊은 우정을 맺었다.

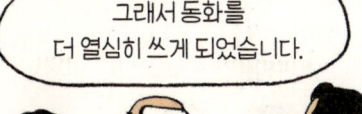

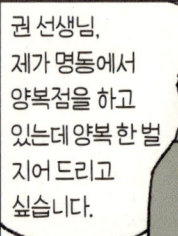

★이현주(1944~): 목사, 동화작가, 번역문학가. 권정생 생전에 가까이 지냈으며, 함께 동화를 엮어 출간하기도 했다.

저걸 어떡하나…

모른 척해야 하나.

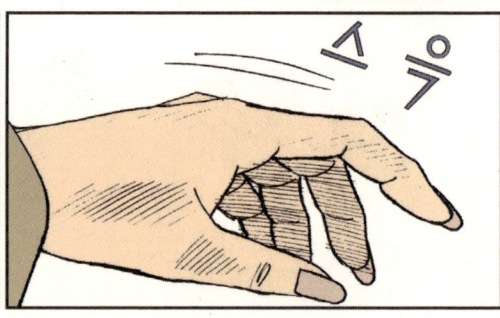

주머니에서 지갑을 뽑으려고 하는 순간 잡아야 하나?

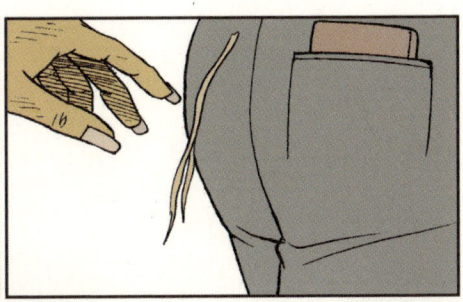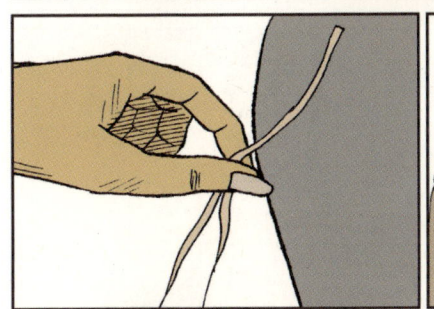

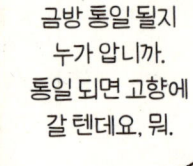

이사 온 집에 살아 보니
좋은 게 많습니다.

아침에 일어나
개울에서 세수하는 것.

세수하고 나서
뒷산에 오르는 것.

해가 뜨면 안개 사이로 나타나는
산국화도 정말 아름답습니다.

후미진 골짜기
기슭으로 무덕무덕
피어 있는 꽃들은
가슴 저리도록
아름답습니다.

억새풀 사이에 피어나는
분홍빛 패랭이도
귀엽습니다.

좀더 골짜기로 들어가면 도라지꽃과
과남풀꽃도 피었습니다.

가을꽃은 작고 섬세합니다.

야단스럽게 피었다가 덧없이 져버리는
봄꽃과는 대조적입니다.

조심스럽게 천천히 피어나서

아주 천천히 시들어 가는 것이
가을꽃입니다.

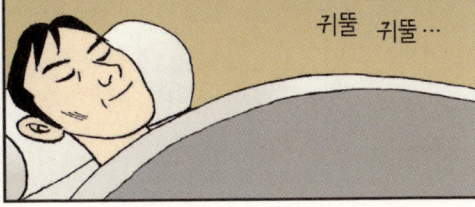

마침 작년 묵은 쌀이 있기에 한 바가지 떠서
마당 구석에 뿌려 놓았습니다.

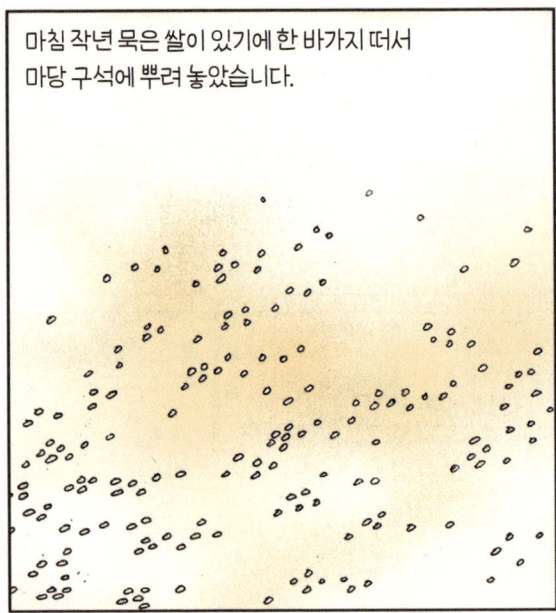

하루 동안은 몰라서 그랬던지
조용하더니,

이틀이 지나자 많은 새가
몰려왔습니다.

참새, 까치, 산비둘기,
굴뚝새, 양진이, 오목눈이

갖가지 새들이 내려와
째째거리며 쌀을 쪼아
먹습니다.

갑자기 콩팥에서
피가 쏟아져 나왔습니다.

송곳으로 찌르는 듯한 통증이
계속되었습니다.

지난날에도 피고름이 쏟아지고
고통스러웠지만,
이번에는 아주 다릅니다.

1초도 참기 힘들어
끝이 났으면 싶은데,
그것도 마음대로 안 됩니다.

하아…

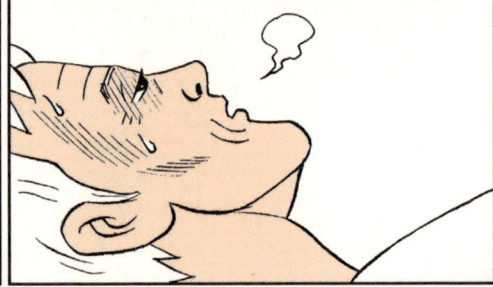

하나님께 기도 해주세요. 제발 이 세상, 너무도 아름다운 세상에 사람이 사람을 죽이는 일은 없게 해달라고요. 제 예금통장 다 정리하여 북측 굶주리는 아이들에게 보내주세요. 제발 그만 싸우고, 그만 미워하고, 따뜻하게 통일이 되어 함께 살도록 해주세요. 중동, 아프리카, 그리고 티벳 아이들은 어떻게 하지요.
기도 많이 해주세요.

2007년 3월 31일
권 정 생

2007년 5월 17일,
권정생은 일흔의 나이로
하나님의 부르심을 받았다.

권정생의 삶과 작품은
예수에 대한 믿음이 바탕이 되었다.
그가 그려 내는 작품의 주인공들은
하나같이 힘없고 약하다.

그러나 그들은 자신을 희생해
남을 살린다.

정생이가 그렇게 유명한지 몰랐어.

사람들이 그렇게 많이 찾아올 만큼 유명한 사람이라고는 짐작도 못했습니더.

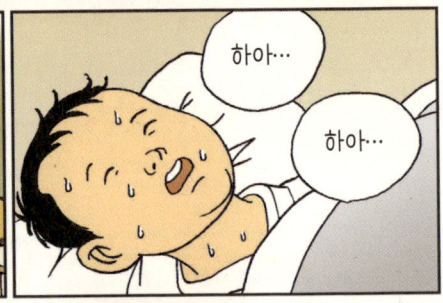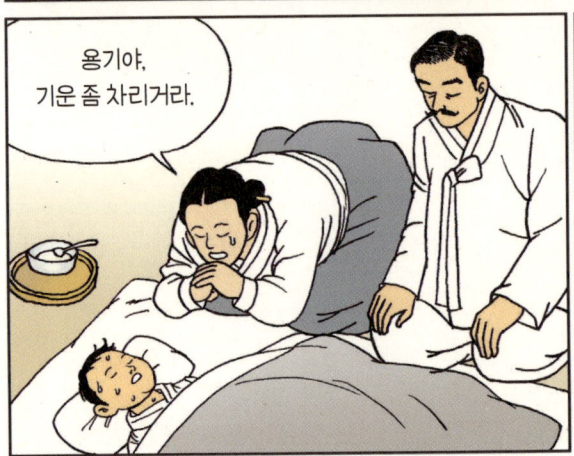

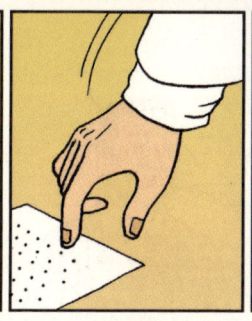

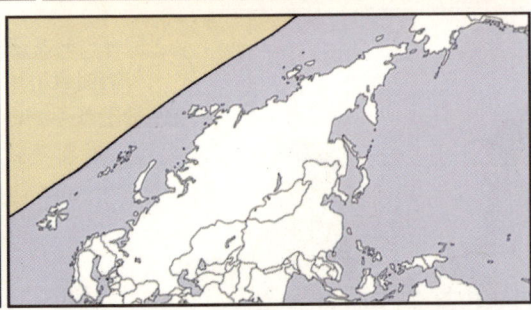

평양이다!

조상의 얼이 서린 땅.
기자조선과 고구려의 역사.

한사군의 낙랑을 멸망시킨 고구려의 호동왕자 이야기가 있는 곳….

신라에 도읍을 내주어야 했던
고구려의 마지막 눈물이 어린 땅, 평양.

몸이… 왜 이러지?

냉면 먹은 게 잘못되었나. 숨이… 숨이 쉬어지질 않아.

으… 죽을 것 같아!

나는 이곳 평양에서 죽는 것인가….

하나님… 감사합니다.

하나님이 내 기도를 들어주셨어.

아! 기도의 힘이 이렇게 큰데…

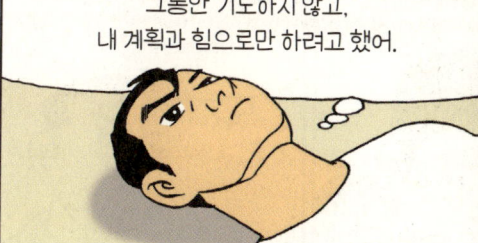

그동안 기도하지 않고, 내 계획과 힘으로만 하려고 했어.

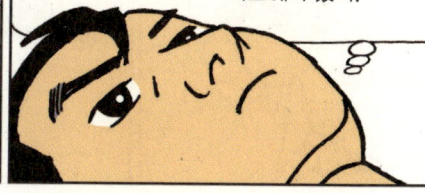

중국을 정복하겠다는 꿈을 꾸었을 때도, 만주로 떠날 때도, 평양에 와서도 기도해야 했다.

올해도 고구마가 대풍인걸!

고구마 저장고

김용기 장로 장립예배

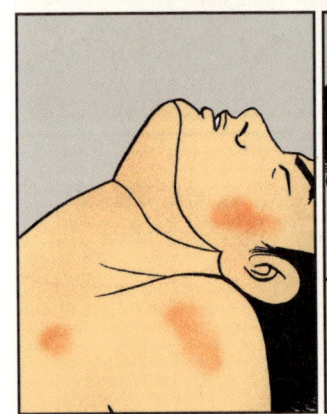
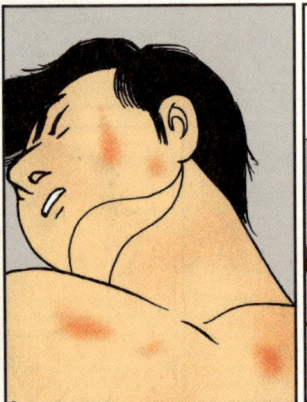

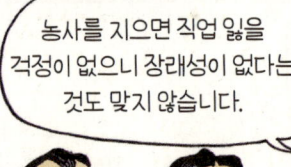

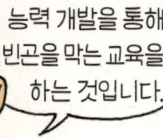

가나안농군학교가 모태인 새마을운동은 한국 농촌과 사회의 근대화를 이룬 농촌 개발 모델로서 세계적으로 긍정적인 평가를 받고 있다.

유엔은 2000년, 아프리카 빈곤퇴치 프로그램의 하나로 새마을운동을 채택하기도 했다.

1973년, 강원도 원성군 치악산 중턱에 15만 평을 개간하고 제2가나안농군학교 설립

1988년 8월 1일, 김용기 장로는 하나님의 부르심을 받았다.

그는 한 손에는 성경을 다른 한 손에는 삽을 들고, 머리는 천국을 바라보며 가슴으로는 민족을 품었다.

눈은 이웃을 바라보며 평생을 일했다. 그가 평생 지켜 온 정신은 하나님 사랑, 흙 사랑, 민족 사랑이었다.

1898년, 전라북도 김제군 금산면 금산리

수고들 많네.

어르신, 오셨습니까.

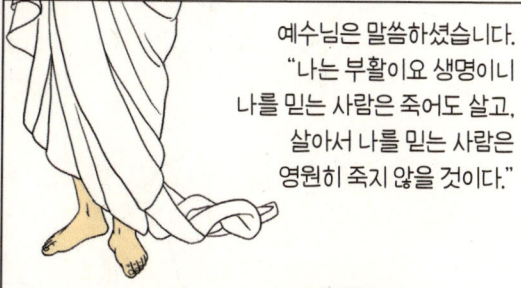

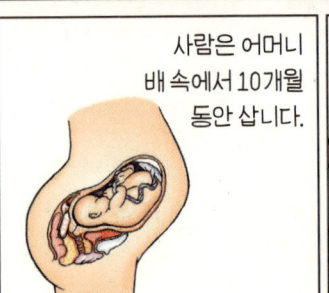

 조 집사님, 제 잘못이 큽니다.
 무슨 말씀을 그리하십니까.

 제가 생각이 깊지 못해 집사님을 힘들게 했습니다. 그렇지 않습니다.
 이런 결과가 나오리라 예상하지 못했습니다.
 선교사님께서 무엇을 염려 하시는지 압니다.
 하지만 걱정하지 않으셔도 됩니다.

 주인 어르신 뵙기가 송구스러워요.
 그분께서 참 견디기 힘드실 텐데….

요즘 최 씨가 안 오네.

긍게 말이여.

무슨 일 있는겨?

이제 여기 안 오겠다고 하던디. 예수 열심히 믿겠다고.

여기 오는 걸 선교사님이 알았는가벼?

그것까지는 잘 모르겠는디.

근디 말이여…

마부 이자익이 장로가 된 뒤로 전보다 천민들이 더 많이 예배당에 나간다는디.

그러겠제. 예배당에 가면 지주나 양반보다 더 높은 자리도 오를 수 있응께.

1910년, 봄

조덕삼 장로 장립예배

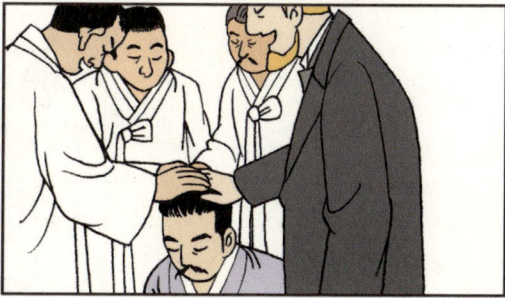

주님, 제가 지금까지 살아온 44년 동안 오늘이 가장 기쁘고 감사합니다.

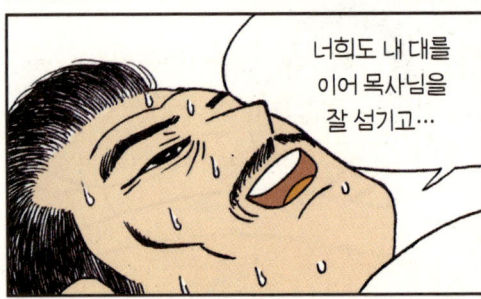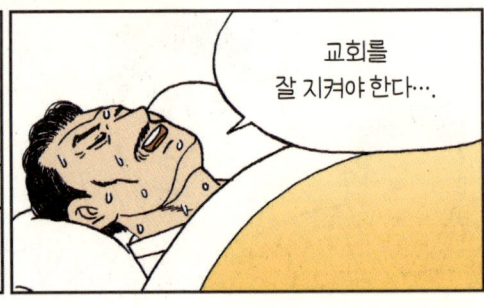

조덕삼 장로의 장례식에는 조문객이 얼마나 많았던지 그 행렬의 끝이 보이지 않을 정도였다.

조덕삼 장로는 민족교육에도 뜻을 품어 1906년 유광학교를 세우기도 했다.

조덕삼 장로의 도움을 받은 이자익 목사는 조선예수교장로회 제13대(1924년), 제33대(1947년), 제34대(1948년) 총회장을 지냈다.

세상에서 걸어나온 사람들 1
People Who Make a New Road of Life 1

지은이 정형기
펴낸곳 주식회사 홍성사
펴낸이 정애주
국효숙 김기민 김서현 김의연 김준표 김진원 박세정 송승호 오민택
오형탁 윤진숙 임승철 임진아 임영주 정성혜 차길환 최선경 허은

2018. 9. 20. 초판 1쇄 인쇄   2018. 10. 2. 초판 1쇄 발행
등록번호 제1-499호 1977. 8. 1.
주소 (04084) 서울시 마포구 양화진4길 3 **전화** 02) 333-5161 **팩스** 02) 333-5165
홈페이지 hongsungsa.com   **이메일** hsbooks@hsbooks.com   **페이스북** facebook.com/hongsungsa
양화진책방 02) 333-5163

ⓒ 정형기, 2018

• 잘못된 책은 바꿔 드립니다. • 책값은 뒤표지에 있습니다.
• 이 도서의 국립중앙도서관 출판예정도서목록(CIP)은 서지정보유통지원시스템 홈페이지(http://seoji.nl.go.kr)와
국가자료공동목록시스템(http://www.nl.go.kr/kolisnet)에서 이용하실 수 있습니다.(CIP제어번호: CIP2018029534)

ISBN 978-89-365-1309-2 (07990)
ISBN 978-89-365-0553-0 (세트)